사진촬영_ 김연두

송 유 미

검은 옥수수밭의 동화

애지시선 057

검은 옥수수밭의 동화

2014년 12월 5일 초판 1쇄 발행
2015년 12월 9일 초판 2쇄 발행

지은이 송유미
펴낸이 윤영진
편 집 함순례
디자인 함광일 이경훈
홍 보 한천규
펴낸곳 도서출판 애지
등록 제 2005-5호
주소 300 -812 대전광역시 동구 대전로 867번길 46(삼성동)
전화 042 637 9942
팩스 042 635 9941
전자우편 ejiweb@hanmail.net

ISBN 978-89-92219-52-5 03810

한국문화예술위원회 부산광역시 BUSAN METROPOLITAN CITY 부산문화재단

* 이 책은 2014년 한국문화예술위원회, 부산광역시, 부산문화재단의 사업비 지원을 받았습니다.

애지시선 057

검은 옥수수밭의 동화

송유미 시집

□ 시인의 말

"몇 가닥 푸른 물이 바위 앞으로 흘러가는가,
한 조각 흰 구름이 강물 위로 떠오네."

고난과 절망의 시대를 살아오시면서도
늘 아궁이의 불씨를 다독이셨던
외할머니과 어머님께 이 시집을 바친다.

2014년 초겨울 오동엽梧桐葉에서

송유미

차례

제2부 개와 늑대의 시간

제3부 야곱의 사다리

제4부 나비의 땅

제1부
바람이 우리를 데려다 주리

꽈리 피리 부는 날

세월은…도…미…솔로 자라는 계단이에요. 파라솔을 쓰고 한탄강에 갔어요. 물살은 크레센도로 커져 갔어요. 바람이 굽이쳐 내 귓속을 돌아 나왔어요. 나는 꽈르르 꽈르르 귀로 우는 새였어요. 제대로 울어야 제대로 듣는 그런 새요. 흐르는 물소리 따라 흐르다가 고이다가 다시 골짜기가 되었어요. 너무 울다보니 그만 눈에서 별빛이 쏟아졌어요. 멈출 듯 흐르는 음音과 음 사이 많은 사랑이 흘러가고 있었어요. 아니 그건 돌아오지 않는 사랑이었어요. 허파꽈리에 홍건한 그리움이었어요. 내 옷깃에 매달리는 소리의 향기였어요.

돌아서 귀를 씻는 몸 밖에서
피던 꽃이 다 지고

내 호주머니 가득하였던 강물이
그 누구에게로 흘러갔는지 몰라요.

1948년 4월 13일생

— 검은 옥수수밭의 동화

그건 아쟁소리였어. 바람이 옥수수밭을 파도처럼 흔들 때마다 아이들의 앙상한 팔과 다리가 탄피처럼 날아다녔어. 미친 엄니가 옥수수밭에 불을 질렀어. 무서운 불길에 하늘이 까맣게 탔어. 우르르 쾅쾅 번개 지뢰를 밟은 고양이 한 마리가 매일 밤 꿈속을 날아다녔어. 오래오래 빈 집들이 불탔어. 숨이 찬 기차가 산을 끌고 멀리멀리 달아났어. 숯검정을 얼굴에 칠한 아이들은 날마다 멀어져 가는 기차 꽁무니에 매달려 서울로 서울로 떠났어. 나는 눈물이 났어. 뚝뚝 떨어지는 눈물은 가볍게 몸을 부딪치며 날아갔어. 나는 어둠 속에 숨은 술래. 아이들은 숨이 차게 찾다가 지쳐 다시 날 부르지 않았어. 조용한 강물이 아쟁소리 따라 멀어져 갔어. 나는 발자국 소리 따라갔어. 후드득 후드득 옥수수 열매들이 떨어졌어. 그건 소리의 눈물이었어.

포플러나무집

— 사람은 성냥을 닮았다.

성냥은 사람을 닮았다.

포플러 나무는 관棺을 그리워할 수밖에 없다.

I.

모든 집은 지붕에 등뼈가 필요하다. 아버지의 등은 굽었고, 나의 등은 짧다. 등이 굽어 본 적 없는 기억은 순수이고, 등이 짧은 기억은 순결이다. 내 콤플렉스의 등에서 솟구치는 모든 생각은 아슬아슬하게 살얼음판을 걷는다. 살얼음판은 생의 훌륭한 초석이 된다. 나무우물 속에 해를 가두고, 달을 가두고, 더 이상 길어 올릴 물이 없으므로…성냥을 긋고 잎사귀를 불태웠다.

함경도 땅으로 도망친 할머니의 피가 묻은 내 열 개의 발가락은 뜨거운 석쇠 위에서 지글지글 익어가고, 내 정수리 위에서 햇볕들은 아이스크림처럼 녹는다.

II.

좀 오래된 기억이다. 성냥으로 집을 만들고 사람을 만드는 것, 나의 凹凸이 심한 리비도는 이런 불장난에서 시작된다. 사실 기억이 선명하지 않다. 엄마는 검은 불화만 그렸고 누군가 행방불명된 아버지를 밀고했다. 그리고 간단하게 성냥갑 속으로 들어가 버린 집 마당, 패랭이꽃들 여전히 아름답다. 하루 종일 내가 쓸 시간은 없다. 모든 사람들은 망가지기 위해 존재하고, 모든 시간은 바람에 흩어져 뒹군다. 빨랫감 어지러운 밤, 누군가의 〈참회록〉을 읽다가 잠이 든다. 잠을 태우는 촛불이여, 부디 전생의 기억까지 태워버려라.

잘 가라, 검정고무신

불어터진 양푼이 칼국수 먹으며
푸석푸석한 얼굴로 검은 장마가
시작되겠다고 아버지가 말씀하시자 마자
빗방울 떨어져서 열심히 빨래를 걷고
장독 뚜껑을 꼭 닫았는데
간장독에 빠져 죽은 쥐새끼 때문에
장맛이 꽤나 있겠다고 할머니 입맛을 다시셨다.
엄마는 벙어리처럼 묵묵히 재봉틀질만 하셨다.
실에 침을 발라 바늘귀에 집어넣는
명주실이 전깃불처럼 자주 끊어졌다.
비 새는 윗목에다 큰 물동이 갖다 놓으며
제발 그만들 소란 피우고
잠을 자라고 야단치시던 할머니.
그 여름, 푹푹 찌는 장마 속으로 떠내려가는
검정 고무신 한 짝 주우려다가 멀리멀리 흘러가셨다.
한 땀 한 땀 명주실로 곱게도 기운
할머니 검정고무신 한 짝

내 유년의 강가로 나가 띄워 보낸다.

할머니 본가,
함경북도 청진까지
잘 가라 안녕!

항해

— 〈강아지 나라〉두 여자가
낑낑거리며 강아지에게 운동화를 신긴다.
지하도에서 만원 세일의 신발을 구경한다.

어릴 적 교회당에서 잃어버린 신발은 늘 섬처럼 내 인생을 떠다녔어요. 난 늘 신발을 아끼느라 맨발이었지요. 잠들 때도 가슴에 품고 잠들었지요. 신지 않고 다락방에 모셔두었다가 내 커버린 발을 집어넣을 수 없었지요. 그 신발을 품고 꿈속을 걸어갔지요. 낙타는 내 신발을 부러워했죠. 난 신발을 가지고 있다는 사실만으로도 충분히 행복했죠. 폴리호 태풍이 불던 날이던가요. 자꾸 진흙탕 속에서 미끄러지는 신발 때문에 내 몸이 블랙홀에 빠져 들어갔지요. 신발이 없는 삶이 얼마나 편안한지 그때 알게 되었죠. 나는 그래도 잠이 들면 신발 속으로 들어가서 꿈을 꾸죠. 엄마의 자궁같이 따뜻하고 비릿한 어둠 속에서 눈을 감으면 난 꽃으로 피죠. 나비가 날아오르죠. 모두모두 나비가 되어 하늘로 떠나고 댓돌 위에 검정고무신들만 남았어요. 이제껏 내가 신은 신발은 몇 척이나 될까요. 종로 앞에서 세종로 앞에서 충무로 앞에서 자꾸만 잃어버린 신발을 신어 봐요. 흩어지는 나뭇잎들은 또 얼마나 많은 바람들이 신다가 버렸는지 셀 수도 없고요.

몸의 감옥을 떠다니는 나뭇잎 한 척.

검은 염색공장 아이의 일기

— 가난은 설탕 대신 사카린?

기억은 츄잉껌 다시 씹기?

추억은 기차 화통 삶아 먹고 목소리만 큰 돼지?

1.

엄마의 재봉틀은 밤기차에요. 달달달 내 잠 속으로 브래지어, 넥타이, '사지즈봉', '사지외투' 떨어져요. 옷 무덤 앞에 코를 박고 패랭이꽃으로 잠든 엄마, 푸른 미군복을 오징어 먹물에 푹푹 삶는 엄마, 긴 부지깽이 막대기로 팔 없는 영혼, 다리 없는 영혼, 가슴팍 없는 영혼, 하나씩 건져 올려요.

엄마, 엄마, 왜 깜장색뿐이에요.
얘야, 세상에서 가장 예쁜 색도
가장 성스러운 색도 깜장색이란다.

엄마의 기차는, 들판을 깁고 하늘을 깁고 헤어진 길을 깁고 닳아진 꿈을 깁고 밤에만 달리는 잠 속의 기차.

내 유년은 검은 물감으로 폭폭 삶아진 달걀?
내 그림은 검은 물감 없으면 하얀 도화지?

2.
눈송이 머리에 이고 달리는 화차에서
주르르 흘러내린 조개탄을 아이들이 줍지요.

까만 조개탄은
다이아몬드지요.

불이 붙으면
아름다운 꽃을 피우는 보석이지요.

바람이 우리를 데려다 주리
— 유칼리숲 물리치료실

1.

유칼리숲에는 유칼리나무가 없다. 교통사고로 다리 하나 빠져나간 아버지나무가 전생이 하얗게 지워진 어머니나무랑 암수 한 몸이 되어 산책을 한다. 번개 맞아 기억을 잃은 소나무가 소독약 냄새 자욱한 숲을 헤맨다.

애초에 유칼리숲에는 물리치료실 따위는 없었다. 바람이 불때마다 어깨가 내려앉는 산사나무들, 과거에 나무였던 것을 부정하는 나무 중에 천재天才 금강소나무들이 이 숲에 들어와서 치유의 성을 지었다.

물오름달이 중천에 뜨는 밤이면 잉걸불들이 시커멓게 썩어가는 늙은 나무의 자궁 속으로 깊이 들어가서 가물가물 꺼져가는 한 잎의 불, 두 잎의 불을 살려낸다.

유칼리숲 나무들의 슬픔에는 팔이 없고 눈이 없다. 날마다 단애 끝에 서서 나무들은 두 팔을 벌리고 나는 연습을 한다.

눈을 감고 제일 먼저 알 수 없는 그 두려움을 버리세요.

날개 대신 바람이 우리를 데려다 줄 것입니다.

2.

유칼리숲 나무들의 나이테는 시간이 흐를수록 팽팽해진다. 압박붕대로 감은 나무들의 뼈마디들이 자고 일어날 때마다 하늘에 닿는다. 상처 입은 나무들이 힘껏 달려와 유칼리숲의 입구를 연다.

그 입구는 뿌리가 넝쿨처럼 자란 냉장고의 문….

땀방울 흐르는 말의 연애편지

— 달의 젖꼭지를 빨며 말은 부풀어 간다.

눈물에 젖은 아버지의 빵은

내 사치스러운 말의 메뉴?

갑상선 앓는 노모, 삯이 한 장에 이천 원인 구슬땀의 주렴을 꿴다. 나는 앉은뱅이 밥상에 앉아 어젯밤 먹다 던져 놓고 간 염낭거미의 달을 뜯으며 소설을 쓴다. 벽에 걸린 영정 속의 빛바랜 아버지는 창 너머 전선줄에 걸린 창백한 달빛을 한 올 한 올 짜다가 사라진다.

다닥다닥 고물 타자기에서 찍혀 나오는 녹슨 말은 아직 태어나지 않은 새들의 발자국. 모래밭에 너부러진 파도의 하얀 말발자국들.

1959년산 목제 금성라디오에서 내가 좋아하는 〈굿모닝 베트남〉 OST 흘러나온다. 저 오래된 루이 암스트롱 노래의 땀방울은 내 인스턴트 영혼을 알맞게 리모델링해 준다. 누구나 한 번쯤은 달콤한 말 한마디에 심장이 빵처럼 부풀기도 한다. 그 맛에 길들여지다 보면 제 몸의 잉크 한 방울이 마를 때까지 말을 펌프질 한다. 다닥다닥 어머니의 피를 말리며 나무의 피를 짜며 다닥다닥…

얘야, 구슬은 서 말이라도 꿰어야 주렴이다.
제발 쓰려고만 하지 말고 삶을 살아다오.

어쩔 수 없는 부전자전父傳子傳, 염낭거미
밤이면 아등바등 남의 창틀에 매달려
낼 아침 내다 팔 비단 꿈을 짠다.

미군부대 옆 염색공장 지붕 위로 날아간 까마귀

— 1947년 12월 8일생

총구멍 뚫린 하늘에서 한 달 내내 장맛비 쏟아졌지. 돼지우리, 초가지붕 떠내려오는, 물 구경하다가 돌아오는 길에는 멀리서 가까이서 쿵쿵 대포 소리 들렸지.

아 글쎄, 한강 철교가 뚝 철사줄처럼 끊어졌다고 우리 집도 피난 가야 한다고 큰 오빠가 말했는데, 유리조각 같은 엄마는 언청이 누이의 뺨을 석 대씩이나 때렸지. 아버지가 오징어 먹물 구하러 속초로 떠난 지 일주일도 안됐는데.

겨우내 실밥 뜯고 검은 물들여 말린 미군복을 국군들이 압수하곤 절름발이 삼촌까지 끌고 갔지. 털레털레 동생들이랑 껌 팔다가 돌아오면 민들레 아기 업은 엄마는 재봉틀 앞에서 코피 흘린 채 잠들어 있고 백발 할머니는 신문지에 궐련 말아 피우며 말했지.

어린 것들 걸리고 굶기며 피난 안 가길 잘했지.

비 맞은 연기들이 중얼중얼 피어오르는 판잣집 지나면 방앗간 있고, 미군부대로 통하는 개구멍 옆에 양공주 촌이 있었지. 검은 드럼통 가마솥에서 껍질뿐인 영혼들 까마귀의 옷을 바꾸어 입고 나왔지.

밤이면 팔은 팔대로 다리는 다리대로 빨랫줄에 매달려 행군하다가 비바람 불면 까옥까옥 까맣게 하늘을 물들이며 날아갔지.

멀리멀리 대포에 날아간 북쪽 하늘로.

돌 속으로 가라앉은 집 한 채

파리한 종소리가 하늘을 흔들었다.
언청이 사촌이 배고프다고 자꾸 우니
고장 난 사발시계가 두 어깨를 들썩이며 따라 울었다.
나는 텅 빈 뒤주에 들어가서 혼자 놀았다.
종종 공중에 거꾸로 매달린 십자가에서
하얀 미제 배급 밀가루가 몇 되 박씩 쏟아졌다.
그 밀가루로 수제비 끓여 먹고
판잣집 한 채 지은 죄 밖에 없는 숙부가
총 맞은 유리창 너머에서 수갑 차고 울었다.
눈이 퉁퉁 부은 불빛들이 다투어 떠났다.
장난감처럼 다 부서져서 돌아온
아버지가 날개 달고 떠났다.

캄캄한 돌 속으로 가라앉은
십칠문반十七文半
검정고무신 한 짝.

1958년 3월 8일생

— 쥐똥나무

파리똥 묻은 꽃은 아름답네. 쥐똥을 꿈꾸는 아이도 있네. 뿌리를 깊이 내리지 않으면 뿌리를 감추기 어렵네. 보이는 마음을 감추기도 어렵네. 동두촌 막내 이모의 짧은 치마로는, 밤이면 굴뚝으로 내려오는 국방색 사내들과 한 지붕 아래 살이 닿지 않고는 잠들기 어렵네.

증오하는 사랑은 어렵네. 달빛을 잘라 만든 지붕은 비바람을 가리기 어렵네. 허벅지가 다 보이는 가난을 두 손바닥으로 가리기 참 어렵네. 밤에만 돌아다니는 생쥐 참 서럽네. 손가락이 짧아서 피아노를 칠 수 없는 운명도 있네. 태어날 때 두 벌이라면 참 좋았을 몸뚱이. 밤에만 꽃 피우다가 다 시드네. 가끼우동 한 그릇 얻어먹으려고 가닥가닥 나무손가락을 끊네. 나뭇가지마다 뻗은 길을 끊네.

…쥐똥나무에는 영혼이 흐르네.
열매의 눈을 깊이 들여다보면
그 처연한 눈빛을 만질 수 있네.

메콩다방

— 故 김청수 대위께

그 역전다방은 메콩강변에 있다.
쾅쾅 수류탄 터지는 1번국도 가로막다가
두 눈이 멀어버린 청룡부대 소대장이 진치고 있다.
오른쪽 벽은 호치민 얼굴 박힌
베트남 지폐로 도배 되어 있고, 왼쪽 벽에는
검은 선글라스 낀 대통령 사진이 걸려 있다.
야밤에 밀림을 수색하고 돌아오면
목을 축일 수 있는 보리차와 다방 커피도 준비되어 있다.
모나리자 미소를 닮은 마담 이름은 스잔.
나이를 아는 이도 진짜 이름을 아는 이도 없다.
파월 장병들이 들리면 무조건 무료로
'도라지 위스키' 나오는 메콩다방,
한사코 말려도 부모님 모실 집 한 채는 꼭 사야겠다고
베트남전선 자원한 신랑을 기다리다
다방 마담이 되었다는 그 메콩다방 문을 열면
조명탄 터지는 캐논 정글이다.
해병은 죽어도 영원한 해병이다.

세월의 물 빠진 연못에 해골 몇 점이 훈장처럼 나뒹군다.
낡은 레코드 판 위에서 가버린 사랑은
〈가슴 아프게〉* 돌고 돈다.
얼마간 보리차 섞인 커피잔 위에 사카린 눈이 내린다.
간이역도 사라진 그 역전 메콩다방은
베트남 밀림 속에 있다.

* 파월용사, 가수 남진의 노래 제목

유칼리숲 물리치료실 2

— 이규열 詩兄께

1.

그 창은 거미줄이었다…. 평생 수도원에서만 살다가 입원한 귀나무는 보청기를 통해 새소리를 듣고 흙에 입을 맞추었다. 병실을 같이 쓰는 나무들은 여기서는 밤이 너무 길다고 수면제를 더 달라고 투덜댔다. 코알라는 그게 바로 늙은 징조라고 놀려댔다. 지난가을 고용 된 고로쇠나무 간병인은 항상 밀고 다니는 수레에다 시원한 그늘 몇 장을 준비해 왔다. 그리고 그것을 상처에 맞게 잘라 덮어주고 갔다. 종종 혈압이 상승한 늙은 물푸레나무에게서는 푸른 잉크냄새가 났다. 아침이면 그들은 처음 만난 것처럼 인사도 없이 여름 내내 비축한 햇빛을 씹었다. 오래 눈을 감고서 숲의 향기를 땀구멍으로 마시며 느꼈다.

시간이 머물지 않아서 늘 깨끗한 유칼리숲 물리치료실.

2.

그 숲의 입구는 무너진 성문이었다…. 눈 푸른 남자 몇몇 등나무 아래서 줄담배를 피우거나 자판기 커피를 마시는 오후 세 시 쯤이면 심장을 파닥거리며 나비들이 날아왔다. 번호표를 받아들고 깊어가는 통점에 대해 이야기 나누었다. 세상에 두고 온 과거사에는 관심이 없었다. 척추뼈에 철사를 박아 넣은 자리에 독버섯이 자라서 잘라내기도 했다. 모두들 어디서, 어떻게 흘러와서 유칼리숲을 이루며 사는지, 물리치료실은 누가 경영하는지, 그 아무도 궁금해 하지 않았다.

종종 안개에도 유칼리숲은 하얗게 지워졌다.

제2부
개와 늑대의 시간

탱자의 편지

남해 노도에 갔지요.
뾰족한 가시들 다투어 허공을 할퀴고 있었지요.
구운 굴비 한 마리 올려놓고
삼단머리채 풀고 우는
한 많은 파도소리도 있었지요.
탱글탱글 가시 손톱 끝에 피 흘리는 봄도 보았지요.
고통 밖에 없는 사랑이 사랑이냐고
오고 갈 곳도 없어 찾아온 나그네를
죽은 당신이 산 사람들보다 더 다정하게 반겨주었지요.
하필이면 바닷가에 와서
상한 고등어 먹고 온몸에 열꽃이 피었지요
검은 보자기 덮어쓰고
쪽마루에 나와 괴로워하는데
민박집 할머니는 가시 독에
가시만큼 좋은 게 없다며
시큼한 탱자물 한 사발 사약처럼 억지로
코로 귀로 눈으로 마시게 했지요.

자꾸 탱자꽃 향기가 내 몸에서 뿜어져 나왔지요.
가시나무 새들은 가시면류관 쓰고
울멍 울멍 햇살에 찔려 살이 터지는
탱자울타리 품을 파고들며 울었지요.

여섯 손가락의 자화상

손가락으로 물을 찍어 동그란 달을 그렸어. 달을 그리자 마을이 사라졌어. 바람에도 날아가지 않을 집을 그렸어. 집을 그리자 사람들이 지워졌어. 하루 종일 무언가 그리기 위해 부지깽이 손가락을 태우지만 아무것도 그리지 못했어. 강을 그리자 물이 사라졌어. 둥근달 그리기가 얼마나 어려운지 창자가 터질 지경이었어. 조금만 구도를 벗어나도 새들은 하늘 밖으로 날아갔어. 그래도 길을 그렸어. 길은 언제나 막다른 골목에서 끊어졌어. 끊어진 길에 주저앉아 내가 울었어. 풀들이 따라 울었어. 숲을 그리자 엄마가 보름달을 소금함지에 이고 아기를 업고 걸어왔어.

석남꽃잠 대합실

— 꽃거지 아재에게

… 댕댕댕…기차가 지나가요. 머리에 석남꽃 꽂은 사내가 따라가요. 찢어진 오리털 잠바에서 탈출한 나비들이 나풀나풀 뒤를 따라가요. 허기진 가로등이 전화 부스에서 야식을 배달시키네요. 프레스 기계에 손가락 두 개가 잘린 바람이 전광판 속의 사막을 지나가요. 시끄러운 오토바이, 잠만 잘 쪽방이 있다고 외치며 지나가요. 결사코 오지 않는 기차를 기다리는 대합실의 잠들은 왜 하나같이 모양이 다른 잠들인지요? 새우잠…칼잠…토막잠…한뎃잠…신문지에 돌돌만 김밥잠. 팔다리를 잘 접어서 김치냉장고 박스 안에 24시간 준비된 쪽잠, 단잠, 꿀잠…. 잠, 잠, 잠을 청하다 보면 꽃이 피는 화엄의 잠. 날개 달고 날아오르는 잠행의 잠. …댕댕댕… 죽은 지 사흘 밖에 안 되는 아비의 옷을 걸치고, 석남꽃을 머리에 꽂은 사내가 껌처럼 심심한 잠을 씹으며 매일 밤 나의 꿈속을 지나가요.

달은 해골바가지처럼 뒹구는데.

중앙역 13번 계단 사람들

— 커피 방울 묻은 종이컵은

입이 구겨진 동전 연못.

중앙역 13번 비상구는
모래로 만든 계단이다.
실크로드의 꿈에 빌붙어 사는 사람들
한 뼘의 땅이라도 놀리지 않고 벼를 심듯이
층계에 걸터앉아 김밥을 팔고 잔술을 판다.
중국산 가방 폭탄 세일을 한다.

맞은편 통로에는 라면박스 깔고 앉아
비가 오나 눈이 오나
두 장의 손바닥을 연잎으로 펼친
앵벌이 하나 구걸을 한다.

계단을 서너 개씩 차지하고 앉은
새점 치는 여자는
눈먼 새의 말을 익히
알아듣고 통역해준다.

지나가는 사람들은 점이 맞아도 맞지 않아도
백동전 세 개 던져준다.

폭우 쏟아지거나 번개 치면 한강 잠수교처럼,
중앙역 13번 출구 모래 계단은 보이지 않는다.
쌩쌩 칼바람 부는 겨울이면
히말라야 정상으로 통하는 계단에서
얼어죽은 사람들 걸어 나온다.

한사코 층계가 되기 위해
태어난 13번 출구,
출퇴근 바쁜 시각에는
눈을 씻고 봐도 보이지 않는 13번 출구.

보이는 눈에만 보이는 모래사막.

성냥개비 우물

1.
井 속으로 내려간다.
그때 내가 잡고 내려갈 수 있는 것은
지푸라기 한 올 뿐이다.

…사글셋방마저 비워줄 수밖에 없는, 꿈속에 앉아 몇 개의 침묵에 침을 발라 성냥개비 우물 쌓는다. 조금만 이가 맞지 않아도 내려앉는 우물 속에서 맹귀우목盲龜遇木의 개구리들, 숨을 고르며 다시 올라온다.

2.
내 몸속에도 井이 고여 있나봐.
걸어 다닐 때마다
펼쳐지는 지느러미 날개
열심히 흔들며
아침으로 가는 길이다.

… 하늘 한 조각 바람 한 줄기 썰어 적당히 풀과 돌멩이 섞어 흙밥을 짓는다.

먹기 위해 사는 거다 얼른 씻고 먹고 출근해야지.

도무지 밥맛이 나지 않는다고 식구들 뿔뿔이 성냥개비처럼 흩어진다. 지하철 기다리는 승강장에서 나는 청개구리 시절로 돌아가 완행버스 기다린다.

3.

… 사람은 살수록 여러 개의 방이 필요한 법, 그 어떤 입김도 닿지 않는 방, 더 이상 상처 받지 않는 방, 별이 환히 보이는 지붕 없는 방…방을 지키기 위해 손톱 세워 기어오르다가 섬개투침纖芥投針, 정확하게 井 속에 떨어진다.

눈을 뜨면 와글와글 다시 출근이다.

그 섬, 파고다에서

라마승이 되신 당신을 만나러 날마다 파고다에 가지요. 당신은 파고다에 없지요. 티베트에 사시는 당신 사진만 파고다에 있지요. 당신 사진을 파는 아저씨가 당신을 팔러 파고다에 오지요. 나는 당신을 보러 매일 파고다에 놀러 가지요. 오늘 당신의 맑은 눈빛에 거꾸로 어리는 파고다 탑을 보다가 알았지요. 여기가 '다고파공원' 이라는 것을요. 기념탑 아래서, 노숙자 결식을 해결해 주는 무료급식 티켓을 받아 점심을 먹었지요. 고픈 배 채우고 벤치에서 졸고 있는 나에게 노신사, 그게 고파 다가왔지요. *이것봐, 색시, 티켓 하나 끊을까?* 왜 티켓이란 말이, '티벳' 으로 들렸을까요? 나는 하늘 한번 쳐다보고, 그가 건네는 소주 한 모금 받아마셨지요. 땅 한번 쳐다보며 노신사 입을 귀에 걸고 웃었지요. 내가 당신 영혼을 팔 때처럼요.

물의 감옥

수족관의 금붕어들은 수인 번호가 없다.
숨겨진 비밀이 없기 때문일까,
가끔 그 수족관 주인은 물을 뒤집고 간다.
뒤집힌 물들 잠잠하다.
얼마나 맑게 살았는지
금붕어들 꿈쩍 않는다.
물속에 꽃이 되어 피는 물방울들,
불빛에 반사되어
금붕어 몸에 꽃이 핀다.
이건 허상일까?
허상을 만드는 내 죄,
수인 번호 없다.
자전거 달려가다가
물속에 넘어진다.
넘어진 자전거
수인번호 909007…

적천사 흰둥이 붓다

나의 전생은 은행나무에서
떨어지는 목탁소리다, 아니다,
중도 소도 아닌,
천 년 전에 내가 쓴 시집을 찾아 헤매는 시인이다.
흐르지 않고 물이 쌓이는 적천사磧川寺.
그 물 한 방울은 낭중지추囊中之錐의 송곳이다.
귓구멍 막힌 돌쩌귀에서
천 년 동안 내가 쏟은 땀방울이
산 그림자 부수며 덧없이 흘러나온다.
죽비로 죽은 자를 일으켜 세운다는
큰 스님 뵙자마자 실신해서 일어나보니
금빛 왕관 찰랑이는 은행나무는 너무 늙었고,
나는 덜 자란 앵두나무이다.
저 돌에 걸려 물소리는 울고 있는데,
나무 그림자는 산을 넘어간다.
흘러도 흘러도 쌓이는 물 위에 앉아
적천사 흰둥이 붓다, 하얀 물소리에 씻겨

한 자도 남아 있지 않는

천 년 전 내 시집을 들어 보이며

빙그레 웃는다.

할喝!

125···*

— 흰 파도와 검은 바위와의 절단된 교감.

사막에서의 이슬 찾기.

목구멍을 치솟고 자라는 낙타가시풀.

길 위에서 잠들지 못했다. 잠들면 길을 잃었다. 길은 잠이 없었다. 잠엔 꿈이 없었다. 잠들면 눈이 내려 마을을 지우고 발자국도 없이 길 끝에서 구사일생, 목숨을 주어도 아깝지 않은 자유 찾아 그는 예까지 왔다.

망망대해 같은 이곳으로 흘러 들어와서 그는 그 잔잔한 물결 위에서 쉬지도 못했다. 한시도 현을 놓아버리지 못했다. 낙인보다 아픈 수인 번호를 가져야 했다. 마른 목을 적시는 소주 한 방울의 달콤함에 취해 점점 그는 문둥이도 아닌데 눈썹이 사라져가고 있었다.

어떤 날은 얼굴도 볼 수 없었다. 아니 얼굴이 없었다. 어떤 날 보니 깨끗하게 방을 비우고 사라지고 없었다. 결코 모나지 않았는데 왠지 정이 가지 않았던 남자…. 온다간다 말도 없이 여태껏 소식조차 없는….

같이 살던 그 사람…….

지금 어느 사막쯤에?

* 새터민 주민등록 뒷자리는 125로 시작된다.

성수역 뗏목

— 심인尋人

그의 목구멍을 돌아 나온 어둠이 지하도를 빠져나갑니다. 등 굽은 새벽들 성수역에서 다투어 떠납니다. 돌멩이를 삼킨 침묵 하나, 떠나기 위해 버리고 간 순한 뗏목을 지켜봅니다. 날기 두려운 비둘기 떼 야단치듯 네온사인 십자가에서 성수가 쏟아집니다. 풀어진 신발끈을 졸라 맨 사내의 귀에 낭랑한 녹음 음성 들립니다.

여기는 새벽입니다, 다음 역은 아침입니다.

어디로 가고 있다는 생각에 그는 충분히 아름다운 얼굴을 하고 있습니다. 아니 누구를 만나 아이를 찾아달라는 편지 한 통 전할 수 있다는 희망에 얼어붙은 혈관이 녹습니다. 새벽 차 안은 물속 같습니다. 사람들이 오는 듯도 하고 가는 듯도 하며 앉은 듯도 하고 누운 듯도 합니다. 그렇습니다. 어디론가 떠나기 위해 서성이는 세상은 쉽게 칼금 긋고 결별할 수 없는 물 같습니다.

…내릴 분은 잊은 편지가 있나 확인해 주십시오.

모텔 선인장에는 선인장이 없다

모텔 선인장엔 〈나이아가라 폭포〉가 무지개처럼 걸려 있었다.
연인들은 언제나처럼 그 폭포비를 맞으며
서로의 몸에 가시를 박으며 뒹굴었다.
사막에서 만난 이들은
몸을 주어도 마음은 주지 않았다.
온몸이 선인장 가시였던 이들은
피 묻은 새가 되어 걸어 나왔다.
네 개의 벽이 모두 거울인 모텔 선인장에는
포르노 비디오가 돌고 돌아도
몸이 그리운 연인들은
서로의 벗은 몸만 훔쳐보았다.
벽 속에서 벽을 두고 만나는 이들,
벗은 몸과 벗은 몸 사이
벽들은 뒹굴어도 깨어지지 않았다.
영혼도 몸도 없는 그들은
몸속 깊이 박힌 가시에도 아파하지 않았다.

두고 가는 것이 없나 살펴봐.
그들은 두고 가는 것도 없으면서
두리번두리번 언제나처럼
거울 속을 살피면서 걸어 나왔다.

격포

미선나무 등걸에 기대어 속을 다 뒤집고 가는
파랑주의보, 허리가 휜 뒷모습 바라본다.
양철구름은 나뭇가지에 걸려 뒤뚱거린다.
방파제 뒤웅박 안에 든 촛불은 시나브로 혼을 태운다.
그 어디에서도 격格을 찾을 수 없어
격한 감정으로 격포를 찾았다.
밤바다가 몸부림치는 만큼 내 몸도 뜨거워지고 있다.
바다 위에 누워 바라보는 허공은
이 세상 모든 새들이 날아와 발자국을 찍고도
남아서, 가可 사량思量인가.
매운 해풍이 몰아치는 세기만큼
수평선 잡아당기는 집어등 불빛 끊어질 듯 팽팽하다.
파도와 온종일 힘겨루기 하다가
지친 섬 이마 위에 조으는 별빛 몇 개
밤의 입술 속으로 사라진다.

개와 늑대의 시간

축축한 햇빛은 곰팡이 가루 날린다. 곧 기차는 태백, 도계, 강릉을 지나 바다에 풍덩 빠질 것이다. 한 뼘 거리를 두고 곁에 앉은 당신의 어깨산 위로 희끗 희끗 비듬 눈이 내린다. 두 가닥 전선줄을 땀이 나도록 따라온 연탄 발자국 찍힌 수건 서너 장, 나뭇가지에 걸려 한참 푸득거리다 까마귀와 몸을 바꾸어 날아간다. 추억은 이미 시뻘겋게 녹슨 연탄난로인데 폐광촌 다방 늙은 마담은 아우라지 탄광 물소리만 커피 잔이 넘치도록 따라 준다… 조개탄 불씨들 무섭게 노을 속으로 흩어진다. 길은 달릴수록 꼬리가 잘린 눈먼 고양이 같고, 글썽이는 내 눈가에 푸른 멍처럼 검은 마스카라가 번진다. 백탄 같은 당신의 하얀 머리통이 내 어깨에 부딪혔다가 갱도의 바닥까지 떨어져서 산산조각이 난다. 삽날을 세운 어둠은 불빛을 부지런히 파헤친다. 비누로 말갛게 씻어도 검은 늑대의 달이 내 이마에 상차 소인을 쿡쿡 찍으며 끈질기게 따라 온다. 공중은 검은 물로 서서히 채색된다.

제3부

야곱의 사다리

까뮈의 우물

거울이 깨졌다. 박쥐 떼 날아올랐다. 수평선에서 고래가 솟았다. 칼날이 부서졌다. 오래도록 울고 있는 전화기에서 물이 넘쳤다. 넘치는 물은, 끓어넘치는 고독의 미세한 입자들.

누군가 자꾸 우물 속으로 돌을 던졌다. 새벽 3시, 따르릉 따르릉 하나를 넘으면 둘, 둘을 넘으면 셋이 기다리는 저 어둠의 벨소리를 듣고 개구리 한 마리 두 마리 뛰쳐나왔다.

까뮈의 〈이방인〉을 필사한다. 까뮈를 닮으려고, 아니 이방인이 되려고 한 자 한 자 자수처럼 옮겨 놓는다. 내 생 어디에서도 만나지 못했던 까뮈가 창밖으로 사라진다.

막차를 타는 심정으로 우체통에 편지를 넣는다.
내 입속으로 들어간 수많은 밥알들
내가 삼키고 구토한 글자들

깊은 우물 속에서
나는 커서처럼 눈만 푸르게 깜박인다.

연산동 심우도

— 바쁘게 풀밭을 헤치며
쫓아서 찾아가니
물은 넓고 산은 먼데 길 또한 깊다.

1.

연산동 지하철역 가려면 해원정사 지나야 한다. 결코 해원정사 가는 길이 아닌데, 감로탱화 그려진 담장 밑을 지난다. 4월의 꽃그늘에 앉아 구겨진 종이컵 놓고 구걸하다보면, 내가 나를 몰라, 해원정사 심우도 속을 헤맨다.

시인이면서 의사인 그는 무심코 자신이 던진 돌멩이에 자신이 맞아 죽을 수 있다고 내게 말했다. 그런 그가 왜 생명줄을 끊었을까. 꿈도 길도 방향을 잃고, 빈 커피잔 연못에 동전 떨어지길 학수고대하는 동안 누가 내 고삐를 다잡아 엉덩이를 찬다.

2.

연산동 지하철역 가려면, 연산동 고분을 지나야 한다. 결코 무덤가는 길이 아닌데, 벚꽃 분분한 칠공주 무덤을 지나야 한다. 산 자의 고독이 죽은 자의 태양이 될 수 없는데, 칠공주 무덤이 있는 숲을 지나노라면, 칠공주의 귀걸이 두 짝이 내 귀에 매달려 차르릉 차르릉 우는 것이다.

일 년 이 년 석삼년을 걸어도 연산동 지하도를 지나야 나는 집으로 돌아간다. 사통팔달, 그 어디로도 통하는 연산동 환승역에서 많은 사람들은 입전수수入廛垂手, 나에서 너로 돌아간다. 맹한 벚꽃 피고 지고 피는 터널 속으로 빛보다 빠른 지하철을 두 어깨에 척 걸치고 흰 소는 달린다.

나비넥타이 맨 낙타

내 몸을 빠져 나온 나비넥타이 맨 낙타가
나를 태우고 대리 운전기사처럼 날아가네.
불빛이 밤의 양파껍질을 벗길 때마다 비가 내리네.
산성비가 내리네. 술에 취해 엎어진
내 안의 낙타들을 나비넥타이 맨 낙타들이
하나씩 어깨에 들쳐 업고 사라지네.
가시만 키우는 불안한 영혼들은
감시 카메라에도 찍히지 않아 과속 벌금도 없네.
생살이 찢어지는 고통 속에서 네온 불빛들 쏟아지네.
라스베이거스 사막보다 광활한 내 마음의 사막,
180속력으로 달려도 끝나지 않네.
나의 사막을 떠나서 돌아오는 낙타는 아무도 없네.
혓바닥이 갈라 터져도 내 목을 적실 물은
내 두 손으로 땅을 파야 얻을 수가 있다네.
내 몸을 빠져 나온 나비넥타이 맨 낙타가
나를 태우고 대리 운전기사처럼 날아가네.

햇빛 얼레빗

어머니 오래된 거울 속에서
머리털보다 많은 햇빛 올올이 곱게 빗으신다.
싹둑 자른 삼 단 머리채
맞바꾼 쌀 한 되로 가마솥에 밥을 앉혀놓고
삭발 머리 흰 수건에 감추고
손가락 얼레빗과 참빗으로
번갈아가며 오래 오래 햇빛 빗으신다.
대청마루에 어지럽게 흩어진
하얀 햇빛 머리털 한 올 한 올 주우시며
숟가락 비녀 꽂은 어머니 말씀하신다.
(얘야, 물이 고이면 생각이 썩는다지.
생각이 썩으면 머리카락이 녹슬어 부서진다지.
그래도 머리털은 죽어서도 자란다지.)
바람이 곱게 가르마 낸 고갯길로
어머니 소금함지 이고 읍내 장에 가신다.

송광사 수녀나무

송광사에서 도미니카 수녀를 만났다. 대웅전 앞 검으틱틱한 배롱나무 앞에 물동이 놓고 철수세미로 수피를 아프게 벗겨내고 있었다. 여기서 무얼 하세요? 하고 물으니, 배롱나무는 속살이 고운 여인 같아서 껍질을 벗겨주어야 예쁘게 꽃피는데, 이왕 피는 꽃 예쁘게 피면 좋지 않겠느냐고 했다. 나는 순간 두 손목을 잘라 적멸의 꽃을 피운 혜가 스님의 일화가 생각났다. 사람이 아무리 꽃보다 아름답다지만 껍질이 찢어지는 아픔으로 꽃을 피우는 백일홍의 열락을 느끼기는 어렵겠다. 제 아무리 양귀비라도 화무십일홍花無十日紅신세, 하루살이가 눈 내리는 겨울의 멋을 알 수 없듯이 껍질이 찢어지는 고통의 줄기를 파고들어 만개하는 화엄의 세계를 짐승이 아닌 사람은 알 수 없으리. 이 세상 그 어느 곳에도 없는 송광사 백일홍을 나는 '송광사 수녀나무', 라고 가만히 불러본다.

세상 꽃들 가만히 보면 꽃피는 것도 죄라고
제 목숨을 꺾어

꽃보다 아름다운 사람에게 바친다.

눈 내리는 우파니샤드 숲

눈이 내린다.
쥐똥나무 숲에 누가 사는지
20촉 전구만 한 산수유 열매들이
앙상한 나뭇가지마다 등불을 밝힌다.
눈이 덮인 오솔길에
아기 반달가슴곰 발자국들 찍혀간다.
나무 밑 둥지를 헤치는 다람쥐들
쌩쌩 귓바퀴 돌리는 바람소리에 잠시 쳇바퀴 멈춘다.
코만 내민 굴뚝 연기, 생각난 듯 피어오른다.
가난한 겨울 나그네 어깨 위로
풍성하게 쌓여가는 눈송이, 눈송이들,
이 나뭇가지에서 저 나뭇가지로 옮겨 앉으며
우파니샤드의 새 한 마리 날아 다닌다.
나는 천 년 전 그 작은 눈발이었던 기억으로
가볍게 날아오른다.

갑자기 하늘은 문을 환하게 연다.

풀등

— 인하 옹翁께

풀벌레 곡비들 서로의 무덤을 깎아주며 찌르르 운다. 등을 굽힐 줄 모르는 내 무덤의 등은 누가 밀어줄까. 늙은 아버지가 키우던 비루먹은 강아지는 이제 짖지도 않고 상석만 지킨다. 나는 한때 세상의 잡다한 짐짝을 실어 나르던 아버지의 굽은 등을 증오했다. 아무리 미운 사람도 등을 돌려가는 뒷모습은 애련의 불빛을 내뿜는 등燈. 그 옛날 녹슨 바리캉으로 가려운 머릿니 들끓는 내 머리통 깎아 주셨듯이 생전에 한번 제대로 밀어드리지 못한 아버지의 등, 풀벌레 곡비들에게 시간 당 삯을 주고 풀을 벤다. 생각하면 모든 무덤은 제 머리를 깎지 못하는 풀등.

…아버지의 관이 열리고, 뼈아픈 별빛 쏟아진다.

야곱의 사다리

몸이 층계인 사다리. 한 발 두 발 제 등을 밟고 지붕 위로 올라간다. 잔못들 튀어나온 지붕을 망치질하고 지상으로 내려온다. 몸을 눕힐 짬도 없이 저벅저벅 누군가의 오르지 못하는 층계가 되어 처마 밑을 서성인다. 지상의 집들이 사다리에 기대어 잠드는 시각. 몸이 사다리인 야곱의 사다리. 땀에 전 몸으로 지상으로 올라가다가 나뭇가지에 걸려 예수님처럼 내려오지 못한다.

새의 말을 하는 여자

밟으면 아코디언 소리 나는
40계단 층층대에 홀로 앉은
검은 선글라스 낀 여자, 점아, 점아,
새점아, 300원 줄게 나온나.
한 점, 두 점, 좁쌀 줄게 나온나.
조롱에 갇힌 발목 없는 새에게
점아, 점아, 새점아, 1. 4 후퇴 때 피란 내려오다가
잃어버린 오마니 찾아서 나온나.
강아지도 안 받아 먹는
백 원짜리 눈깔사탕같이
퇴화된 눈을 가진 새에게
로또복권 여섯 개 숫자 점지해 달라고
점아, 점아, 나온나. 300원 줄게 나온나.
밟으면 한 칸씩 하늘로 승천하는
40계단 층층대에 홀로 앉아서
눈 먼 새의 말을 부리로 쪼아
콩 한 쪽처럼 나누어 주며.

유클리드의 산보
― 소월의 비는 초량동 외국인 거리에 내린다

#1

여인 1 : 다음 세상에는 당신의 아내가 되어 살고 싶어.

남자 1 : 그래, 다음 세상에는 이렇게 만나지 말자고.

여인 1 : 이다음 세상에서 우리 꼭 만나자.

남자 1 : 그래……

남자는 먼저 손을 흔들고 횡단보도로 사라진다. 비가 내리는 초량동 외국인 거리.

석간이요, 외치는 앉은뱅이는 비에 젖어 있다. 눈 푸른 러시아 여자의 눈도 젖어 있다.

#2

남자 2 : 사랑에는 국경이 없다고.

여자 2 : 고향으로 돌아가고 싶어요. 눈 덮인 자작나무도 보고 싶구요.

남자 2 : 푸시킨처럼 당신을 위해 목숨을 버릴 수 있다고.

여자 2 : 저도 안나 카레니나처럼 당신을 사랑할 수 있어요.

여자 2는 화색이 도는 얼굴로 차를 끓인다. 끓는 차의 김처럼, 내리는 하얀 안개비. 빌딩 처마 밑에서 환전하는 아줌마 앞을 지나는 행인 1, 행인 2에 조명은 옮겨진다. 신용대출카드 대출을 권하는 아줌마 2에서 조명은 잠시 꺼진다.

동동동 그들의 찻잔 속으로 떠오르는 은행잎 같은 지폐 몇 장에 조명은 다시 ON.

#3

남자 3 : 다음에 다시 놀러 올게.

여자 3 : 다음에 더 화끈하게 해 드릴게요.

커피와 프림을 섞어 차를 내놓는 여자 3.

한국어와 러시아어를 몸처럼 섞는 남자 3.

예수를 사랑합시다. 천국이 당신 곁에 있습니다. 천국이 우리 곁에 있습니다.

머리에 붉은 띠를 두른 신의 전사. 동전 바구니를 끌어안은 앵벌이의 잠 속으로 비가 쏟아진다. 홍등은 비에 젖어 감처럼 붉다.

#4

효과음으로 사용된 소월의 〈왕십리〉는 흐르고, 남자 1, 2, 3은 횡단보도를 건너 부산역 쪽으로 사라진다.

여자 1, 2, 3은 남자들이 앉은 의자의 땀방울을 아프게 문지른다. 그리고 립스틱 묻은 꽁초를 땅에서 주워 저마다 입에 피워 문다.

남자 4, 5, 6, 7이 눈 푸른 여자 앞을 가랑비처럼 서성인다.

천천히 암전.

물 위의 집

영도 남항 선체 수리장 닻줄에 묶인 갈매호. 누가 사글세라도 들어와서 사는지, 모릿줄에는 기저귀가 바람에 나부끼고 있다. 아무렇게나 던져진 붉은 다라이에 패랭이꽃 하늘거린다. 검은 파도 철썩거리는 배의 옆구리에 적힌 갈매호 이름 석 자, 정겨운 문패인 양 읽힌다. 길 잃은 철새들도 하룻밤 묵었다 가는지, 새똥 하얗게 뒤집어 쓴 브리지 창에서 깃털 불빛 새어 나온다. 망망대해를 누비고 다니다가 망가질 대로 망가진 독항선이 보금자리가 될 수도 있다니. 가까이 들여다보니 선실을 돌아다니는 늙은 쥐 한 마리 보인다. 퀴퀴한 생선 썩는 냄새 나는 갈매호. 몸에 익은 뱃길 하나 기억나는지 쿵쿵 망가진 이마를 방파제에 찧으며 녹슨 무적을 부—웅 울린다.

물구나무 산보

1.

노란 은행 지폐 날리는 신세계 앞, "여호와를 믿으세요. 하루가 급합니다. 지구는 곧 멸망합니다. 당신의 천국을 보장합니다." 이마에 붉은 띠를 두른 여호와의 증인이 내 손에 쥐어 준 천국행 티켓을 차마 버릴 수가 없었다. 그도 그가 말하는 천국에 갈 수 있을까. 붓다, 공자, 노자, 플라톤, 소크라테스와 콜럼버스, 당연히 그의 천국에 없겠지.

TV 주말명화에서 〈1492 콜럼버스〉를 본다. "북극성을 보며 28도 위치로 무작정 달려라, 신대륙이 나온다." 창녀의 아랫도리 냄새를 풍기며 망망대해를 달려가 산살바도르 갯벌에 뒹굴면서 콜럼버스는 부하들에게 외쳤지.

난 신대륙이 있다는 믿음을 믿었지,
신대륙이 정말 있는 줄 몰랐네.

2.

인사동 음반가게 앞을 지나간다. 비보이들이 손바닥에

지구를 올려놓고 신나게 춤을 춘다. 구경꾼인 줄 알았더니, 초점 잃은 눈동자, 찢어진 청바지에 페인트 물감이 군데군데 묻은 한 사내는 물구나무 서며 앞장선다. 한 사내는 내 등 뒤에서 물구나무 선다.

요즘 정말 되는 일이 하나도 없으시죠? 밑져야 본전이니 저희를 믿고 따라만 오시면, 이 세상에 안 되는 일도 없습니다.

나는 물구나무 서서
지구를 움켜쥐었다는 믿음으로 걷는다.
내 몸은 풍선처럼 둥둥둥
정말 지구는 오렌지처럼 푸르다.*

* 폴 엘리아르의 시.

제4부

나비의 땅

시가 되는 저녁

입술 속에 '가' 가 흘러나온다.
왼쪽 귓속으로 '라' 가 사라진다.

붉은 립스틱을 칠한 입가에서
닦여지는 거짓말들
뭉개지는 참말들

공중의 전광판 자막에서 사라지고
돋아나는 반복되는
말들의 풍경에
누가 상처 입나,
누가 자살 하나.

어머니의 짓무른 눈가에서
흐르는 노을빛이
손목 세워
톡톡 타이프를 친다.

마침표도 찍지 않은

시가 되는 저녁.

레바논 삼나무 숲에서

— 나를 풀어주게, 길가메시여.
그러면 그대는 나의 주인이 되고
나는 그대의 종이 되리니.
나는 내 산에서 기른 나무를 베어
그대의 집을 지으리.*

이 숲에 오면 난쟁이가 되어 버린다. 몸의 난쟁이, 생각의 난쟁이, 마음의 난쟁이. 모든 것이 비대해져 하늘을 볼 수 없다. 강아지처럼 땅만 보면서 저녁이 지나고 밤이 지날 뿐이다. 여행의 마지막 밤, 꿈이었을까. 숲에서 나무를 찍는 일곱 난쟁이들을 보았다. 키의 천배를 넘는 삼나무들이 넘어지고 자빠지는데 용케도 그 나무들 사이를 지나 아장아장 나무들을 끌고 갔다.

벌목꾼들은 강물에 시체처럼 나무들을 띄우고 노래 부른다. 노래는 나무의 혼불.

혼불들은 흘러 흘러 내 몸의 나이테가 된다. 삼나무 속으로 끝도 없이 숲은 흐른다.

레바논 삼나무 숲은 다른 시간 속의 궁전.

* BC 2000경 이룩된 〈길가메시 서사시〉 중에서

청계천, 푸른 달을 마시다

잿빛 판잣집에서 젊은 엄마
물을 마시러 나와 푸른 달을 마시네.
대야에 동동 뜨는 달을 마시네.
손톱 끝이 다 부서진 두 손으로
실보풀 가득 묻은 얼굴 씻다가
진통도 없이 달을 토하듯
나를 개천開川*에서 낳으시네.
쌍둥이 하나 그만 바구니에 담아 떠내려 보내시네.

나귀 등에 푸른 달 싣고 청포묵 싣고
할아버지, 종로 빈대떡 집으로
명월관으로 배달 다니시다가
수표교 오시면 목도 마르고 다리도 아프시네.
지친 나귀에게 물을 먹이려다가
개천에 달이 동동 뜨는 것이
청포묵 같아 움켜쥐다가 아, 글쎄
뼈빠지게 번 돈을 다리 아래로 다 떠내려 보내시네.

청계천 1가 지나 청계천 3가 지나
미싱 소리 요란한 평화시장 오면

물이 길 같다는 생각.
길이 물 같다는 생각.

내 몸이 물이 되어
푸른 달을 마시네.

* 청계천의 원명

나비의 땅

내가 나비가 되는 꿈을 꾼 것인가요? 나비가 내가 되는 꿈을 꾸고 있는 것인가요?* 내 몸에 사는 나비 한 마리 문을 열라고 야단법석이었지요. 문을 열자 어디론가 사라지는 나비. 떠난 나비가 그리워 고원산에 올랐지요. 산은 가만히 있고 몸이 오르는데 이렇게 높은 내 안의 산을 누가 넘을 수 있을까 싶었지요.

> 산문 닫아 건 큰 스님은 은산철벽 속에서 주장자 내려치며 말씀하셨지요. 네가 서 있는 땅을 한번 내려다 보아라. 너에게 쓸모 있는 땅은 지금 네 발이 딛고 서 있는 발바닥 크기만큼의 땅이다. 그러나 나는 이 세상 어디에 발을 붙일 땅이 있습니까? 라고 대들었지요.

지는 해 등에 진 나무들 술에 취해 비틀거리며 산을 내려갔지요. 발밑을 바스락거리는 나뭇잎들 입을 모아 떠들었지요. 이렇게 썩고 썩어도 다시 나뭇잎이 되어 돌아오려면 한 천년을 기다려야 한다고요. 나는 나를 떠나서 나비가 되어 돌아오기까지 또 얼마나 기다려야 할지요.

꽃잎 띄운 술잔 하나 동동동 나비 따라 청산 가네요.

* 장자의 호접몽에서.

땀방울 흐르는 말의 연애편지 2

— 故 정영태 시인께

수많은 문법을 거쳐야 심장에 박힌 화살이 되지. 사전 속으로 사라진, 옹관 속에 묻힌 옛말을 파헤치며 온 세월이야. 내 시는 받침 잃은 간판 같아. 항상 목구멍에 걸려 넘어가지 않는 가시를 빼낼 말을 찾고 있어. 제대로 입맞춤도 하지 못하고 번번이 입만 갖다 대던 빗나간 동사들, 헛발 치던 비유들, 은유들. 단 한 번에 목숨줄을 힘껏 당겨 말의 땀방울 속으로 스며드는 길이야. 벼루에 먹을 갈 듯 곱게 갈아 온 고운 말이 너의 얼굴에 까맣게 프린트 되고 있어.

나는 지금 그대 사는 테크노피아에 팩스로 날아가는 중.

밤에는 소일을 하고 오늘은 모딜리아니의 마지막 여자를 그린다

그 여자를 만난 것은, 1999년 8월 4일 오후 7시였어요. 그녀의 얼굴은 수평선에 반쯤 잠겨 있고, 그녀의 팔은 태양 속에서 타들어 가는데, 그녀의 다리는 강을 걸어가고 있었어요. 나는 오래도록 그녀를 깊이 쳐다보았죠. 몸 하나에 팔과 다리와 얼굴 두 개가 달린 사람을 생각하며, 그녀를, 나를, 다시 보았죠. 그제야 알겠더군요. 그녀는 꽃을 들고 집으로 가는 중이더군요. 내가 그 꽃을 준 일도 없는데 그 꽃들이 내가 아니겠어요. 잡을수록 길어지는 그림자같이 나는 자꾸 슬펐어요. 그리고 슬픔만큼 아름다운 보석이 있을까 싶어 눈물이 났어요.

나는 그 눈물방울을 한 방울 두 방울 모아서
한 점 두 점 그림을 그리죠. 사람을 그리죠.
모자 안에서 비둘기를 꺼내는
계란을 꺼내는 나의 여자를 그리죠.
당신은 200년 후의 그림을 지금 보고 있는 거구요.

돌 속에 처음부터 부처가 있었네*

운주에서 손 없는 머슴 부처 만났다.
초록은 동색이라고 참 반가웠지만,
두 손을 기브스하고 있어
악수를 청할 수가 없었다.
흰 눈을 가사처럼 겹겹이 껴입고
초병의 부동자세로, 다리 없는 부처,
목이 없는 부처, 앉은뱅이 부처들을 지켜주고 있었다.
촘촘한 속눈썹에 눈이 쌓여가는 밤이면
뚜벅뚜벅 순찰이라도 도는 것일까
주위에는 발자국 무수히 찍혀 있었다.
우리네 세상살이처럼
잘난 부처들은 잘난 부처끼리
못난 부처들은 못난 부처끼리 사는 것이 편한 것일까.
사지 멀쩡한 부처 하나 없는 천 명의 부처들,
팍팍한 돌 속에서 다리 없는 부처는
팔이 없는 부처의 팔이 되어주고
눈이 없는 부처는

팔이 없는 머슴 부처의 손이 되어
운주運舟 한 척 정박해 놓았다.

* 송재학 시인의 시에서 인용

1971년 9월 18일생

— 유리의 증발

고소공포증 모르는 유리를 K가 닦는다.
죽음보다 깊고 깊은 유리의 희망을 닦을수록
K의 이력서는 적을 말이 없는 편지처럼 깨끗해진다.
처음부터…
학력, 경력, 운전면허증 따위는 필요 없는 직종.
K는 실어증 걸릴까 봐 종종 유리 너머 K에게
K야, 하고 고함친다. 그러나 빌딩의 유리 안
사람들은 K의 말을 듣지 못한다.
그리고 되새 떼가 점묘화를 그리는
그날 오후 세 시
K는 추락한다.
한 시간 전만 해도 K는 동료들과 차를 마시며
〈추락하는 것은 날개가 있다〉 이야기를 했다.
그 중에 누가 추락은
유리닦이들의 연장근무라고 말했다.
그 말에 고개를 끄덕이면서, K는 먼지구덩이에 빠진
유리의 눈물을 닦는 일이나,

뼛속에 사무친 원한을 닦는 일이나
같다고 생각을 했을 뿐인데, 나비효과처럼
쩌 억, K의 몸에 금이 갔다.
참, 알 수 없는 일이었다.
그로부터 몇 달 뒤
유리로 된 고층 빌딩을
허공으로 착각한
되새 떼들

계속 추락 중!

백담사에서 메콩강 물소리 듣다

—정종삼 대위께

바람은 잔잔한데 흐르는 물 위에 꽃은 떨어지고…세상사 수주대토守株待兎 각주구검刻舟求劍이 아니겠냐며, 그 스님 옛날 백담사 물소리를 동영상으로 보내주셨습니다. 녹음된 물소리 듣다가 잠이 들었습니다. 어린 나를 등에 업고 물속에 가라앉은 돌멩이 하나 꺼내어 내 귀에 *대어 주었습니다. "이 돌 속에 깊이 흐르는 종소리를 들어보아라."* 산 하나 떠메고 가는 종소리에 실려 나는 어디까지 한참을 떠내려갔을까요.

죽음의 입이 쩍 벌어진 탄호아 철교에서 당신이 내 등을 힘껏 강물 속으로 밀어 넣었지요. *"세상은 어차피 너 혼자다…죽기 살기로 뭍으로 기어 나와 봐라…"* 휙 널빤지 하나 던져주며 내 꿈밖에서 스님이 껄껄 웃으셨지요…이 무슨 카르마인지… 한 소대를 전멸시킨 베트콩 여자의 아랫도리에다 M16 소총으로 무려 스물일곱 발이나 쏘아 자궁 한 채를 산산조각 냈다고, 내 꿈속에서 당신이 쭈그리고 앉아 오래 울었지요. 한 구 두 구 시체들이 내 몸속에서 자꾸 떠올랐지요.

스님은 빙그레 시치미 떼고 선정에 드신지 오래고, 큰 바윗돌에서 튀어나온 내 열 손가락에서 주르르 물방울들 매달렸다가 떨어졌다가 염주처럼 다시 매달립니다. 그 옛날 백담사 물소리, 하루에도 내 몸을 몇 갈래 씩 갈라놓으며 핏빛으로 흐릅니다. 천 개의 달이 내 몸을 마시며 흐릅니다.

정동극장 가는 길

인생은 연극
인생은 화무십일홍花無十日紅
지나가는 여인 1, 지나가는 사내 2, 지나가는 노인 3…
지나가는 여인 1은 버스를 기다린다.

여인 2는 담배를 피우고, 사내 7은 길바닥에 쪼그리고 앉아 사주팔자를 본다. 지나가는 노파 3은 아이를 업었다. 팔짱을 끼고 지나가는 연인 4는 걸음을 멈추고 키스를 한다. 앵벌이는 육교 위에서 잠들어 있다. 그 옆의 맹인 부부, 하모니카 연주에 맞추어 〈화류춘몽〉을 부른다.

술 취한 사람에게 주정도 받았으며
돈 많은 사람에게 괄시도 받았다오.

공중에 매달린 전광판에서 화려한 여주인공의 머리 감는 연기는 이 시대극의 백미이다. 절정의 바통을 받아서 달리는 벤츠가 전광판 사막 속으로 사라지고, 감옥을 제

집처럼 드나드는 이 시대의 풍운아, 늙은 웃음을 날린다.
조연 중의 조연인 앵무새 아나운서는 대사를 모두 까먹어
입술만 바람에 꽃잎처럼 흩날린다.

삶이 그대를 속일지라도
슬퍼하거나 노여워하지 말라.

나는 더 이상 외워지지 않는 푸시킨의 시집을 들고
광화문 네거리를 서성인다.
덕수궁 돌담길은 우리들의 영원한 무대 장치.
정동교회당은 영원한 신의 소도구.
교보문고는 박제된 인문주의의 분장품.

달린다는 이유 하나로
그 어디로도 달리지 못하는 아스팔트처럼,
서서 잠든 나무처럼, 정동극장 지난다.

빈터에게 전화를 걸 때

어떤 햇빛이
어떤 바람이
깊이
물속에 빠져 있을 때
달을 만진다?

국민주택들 사라진 빈터의 공중전화 수화기를 들면 햇빛 쏟아진다. 가로수는 있고 나무는 없는, 우체통은 있고 우표 파는 가게는 없는 곳.

왼편과 오른편의 풍경을 수시로 리모델링하는 오후 2시에 따릉따릉 눈썹 하얀 수평선에게 전화를 건다. 비가 오면 받고 눈이 오면 안 받는 전화를 건다.

지금 눈부신 햇빛이 쏟아지고 있어.
눈부신 잎새들이 물고기들로 변하고 있어.

— 넌 내가 보고 싶지 않니?

— 우리는 이미 과거야. 그냥 공처럼 튀어 오르는 거야.

— 넌 왜 돌 같은 나를 마음대로 반죽하려 드니?

— 아, 연기처럼 사라지는 시간을 타고 흘러간 목소리들이 허공에서 자꾸 실타래처럼 엉클어지고 있어.

그건 장마전선이었어.

해설

활물론(活物論)적인 수사가 돋보이는 시의 표정들

— 우리네 아픈 삶과 현실을 비추고 건네주는 배 한 척

이경철 (전 중앙일보 문화부장, 시인, 문학평론가)

눈송이 머리에 이고 달리는 화차에서
주르르 흘러내린 조개탄을 아이들이 줍지요.

까만 조개탄은
다이아몬드지요.

불이 붙으면
아름다운 꽃을 피우는 보석이지요.

—「검은 염색공장 아이의 일기」 부분

기억, 감성의 원점으로 거슬러 오르는 항해

이 시집 원고를 받아보기 바로 전, 원로와 신인 시인들 6명이 함께한 방담회를 진행한 적이 있다. '요즘 신인들의 시는 통 알아들을 수 없다', '이러다가 시에서도 세대간의 소통단절이 돌이킬 수 없게 되는 게 아니냐'는 기성 시인들의 불만과 우려에 대해 신춘문예에 당선돼 갓 등단한 신인들의 솔직한 답변을 듣기 위해 기획한 자리였다.

그 자리에서 원로들은 "우리들은 전쟁과 가난을 겪은 세대로 무언가 절실함이 있었다. 그 절심함으로 우리는 서로서로 소통할 수 있었다. 그러나 요즘 젊은 시인들은 그런 절실함의 체험이 없어 그들끼리도 소통이 안 되는 것이 아니냐"고 요즘 젊은 시를 진단했다.

이에 대해 젊음 시인들은 "궁핍을 모르고 자라다 세상에 나와 보니 나갈 곳이 없다. 그래 청춘백수시대라고들 하지 않나. 나오자마자 낭떠러지인 그 절망감에 자꾸자꾸 개인화, 내면화될 수밖에 없는 것이 소통의 단절을 부른 게 아닌가한다"고 항변했다.

말장난이니, 소통단절이니 힐난은 받지만 자신들도 시대와 자신에 솔직하려고 애쓴다는 말에 원로들은 그런 시대나 세대의 단순한 반영을 넘어 뭔가 '전망'을 요구했다. 리얼리즘이나 현실주의적 전망을 아우르는 인간의 위의와 깊이를 지켜내기 위한 범 휴머니즘적 전망이 시를 영원히 시답게 하는 것 아니겠느냐며….

위 연장선 위에서 송유미(宋侑眉)의 이번 『검은 옥수수밭의 동화』 시집은 강한 흡인력이 있다. 기억의 끄트머리까지 파고들면 이런 부류의 어둠과 외로움과 슬픔이 똬리 틀고 있음에 공감케 하는 힘이 있다.

가령, 어둠은 내리는데 굴을 따러 갔다거나, 장에 나간 엄마가 안 돌아올 때 집에 혼자 남은 아이가 느끼는 감정. 우리네의 원초적 감성(영혼)을 잘 짜인 구성과 이미지 등 능숙한 시적 문법으로 흔들어 놓고 있다.

해서 이번 시집은 감성의 원형을 찾아 나서는 동화로 읽힐 수 있다. 슬프지만 아름다운, 적확한 이미지들이 그런 탐색의 길을 깜박이며 비추고 있다. 감성적 동화이면서도 우리네 삶과 사회의 실존적 깊이와 휴머니즘적 넓이를 지니고 있다.

김종길 시인은 송유미의 시에 대해 "자연과학자나 분석철학자한테서 볼 수 있는 치밀함과 엄밀성으로 시를 빈틈없이 다정다감하게 짜나가는 시인이다."고 평한 바 있다. 시인이자 연출가인 이윤택은 그녀의 시는 "손바느질로

촘촘히 뜬 파스텔 톤의 조각보"로 이야기했다. 최재봉 한겨레신문 문학전문기자는 송시인의 시의 바탕은 '울음'으로 보았다.

이 글의 '프롤로그'로 올린 시구에서 '조개탄' 이미지의 변주를 보시라. 가난했던 어린 시절 연탄이 대중화되기 이전, 조개탄을 난방용으로 쓴 기억이 있을 것이다. 석탄가루를 반죽해 다이아몬드형으로 빚은 까만 조개탄.

"눈송이를 머리에 이고 달리는 화차"에서 흘린 조개탄들을 주워 난로에 넣으면 그 틈 사이사이에서 금방 불꽃의 혀가 날름거리던, 배고프고 춥던 시절의 한 끼 식량같이 귀하게 여겼던 검은 조개탄.

시인은 기억 속의 그 조개탄을 다이아몬드 등 아름다운 보석으로 묘사하고 있다. 그 조개탄은 "눈송이를 머리에 이고 달리는 화차"에서 흘러내린 것이다. 눈송이의 하얀 색과 차가운 촉감의 이미지와 대비돼 조개탄의 까만색과 따뜻한 이미지는 더욱 선명하게 드러난다.

그리고 '달리는 화차'의 이미지는 이 시 맨 처음에 드러난 "엄마의 재봉틀은 밤기차예요. 달달달 내 잠 속으로……"에서 볼 수 있듯 엄마의 재봉틀 소리에서 빚어진 것이다. 어린 자식들을 기르기 위해 밤새도록 달달달 재봉틀을 돌리는 소리가 화차 이미지로 변용된 것이다. 이

같이 적확한 이미지 창출과 변용이 어둡고 슬픈 기억들을 있는 그대로 현상해내면서도 보석처럼 아름다운 꽃으로 피워내고 있는 것이다.

기억의 현상학, 나쁜 실존의 한계상황

"(중략) 폴리호 태풍이 불던 날이던가요. 자꾸 진흙탕 속에서 미끄러지는 신발 때문에 내 몸이 블랙홀에 빠져 들어갔지요. 신발이 없는 삶이 얼마나 편안한지 그때 알게 되었죠. 나는 그래도 잠이 들면 신발 속으로 들어가서 꿈을 꾸죠. 엄마의 자궁같이 따뜻하고 비릿한 어둠 속에서 눈을 감으면 난 꽃으로 피죠. 나비가 날아오르죠. 모두 모두 나비가 되어 하늘로 떠나고 댓돌 위에 검정고무신들만 남았어요. 이제껏 내가 신은 신발은 몇 척이나 될까요. 종로 앞에서 세종로 앞에서 충무로 앞에서 자꾸만 잃어버린 신발을 신어 봐요. 흩어지는 나뭇잎들은 또 얼마나 많은 바람들이 신다가 버렸는지 셀 수도 없고요.// 몸의 감옥을 떠다니는 나뭇잎 한 척."

—「항해」 부분

문학 속의 현실이란 무엇일까. 작가가 표현하고자 하는 세계에 의해 변용된 모형의 현실은 아닐까. 작가의 의식을 나타내기 위한 재구성된 현실은 아닐까.

그럼, 「항해」를 보자. 이 시는 종로나 세종로 등 도심 지하도 신발가게에서 이 신발, 저 신발 신어보며 기억을 거슬러 오르는 내면에의 항해이다. 해서 신발들은 기억의 원점으로 떠가는 배이기에 단위도 켤레가 아니라 척(隻)으로 잡았을 것이다.

가로(街路)에 떨어져 흩어지는 낙엽들을 "얼마나 많은 바람들이 신다가 버렸는지 셀 수도 없"다며 신발 이미지로 바라본 대목이 압권이다.

새로 산 신발이 닳을까 신지 않고 끼고 다니고 잘 때도 품고 잤던, 가난했던 어린 시절 누구든 품고 있을 신발에 대한 보편적 기억을 환기시키고 있다.

사실 우리네의 풍습에 '신'은 '발'과 마찬가지로 인체의 대유로 간주되어 왔다. 발이 육대의 받침대. 그리고 삶의 근거, 존재의 기저를 상징해 왔다. 죽은 사람이 남긴 최후의 자아로서의 '신발'이 떨어지는 나뭇잎에 상징화하여, 삶의 통과제의(通過祭儀)를 실연(實演)해 보이고 있는 것이다.

"자꾸만 잃어버린 신발을 신어" 보는 신발은 기억을 거슬러 오르게 하는 배, 방편(方便)만이 아니다. 신발, 사물은 사물 나름대로 원형(原型)을 찾아 우리네 기억의 원형과 맞닥뜨리고 있는 게 이번 시집의 두드러진 수사법이다. 대상, 사물에 시인의 감정을 주입시키는 감정이입이 아니라 사물 자체의 내력과 원형을 돌려줘 시인과 화답하게 하고 있는 활물론(活物論)적인 수사가 돋보이는 시집이다.

> "사람은 성냥을 닮았다./ 성냥은 사람을 닮았다./ 포플러나무는 관棺을 그리워할 수밖에 없다. (중략) 좀 오래된 기억이다. 성냥으로 집을 만들고 사람을 만드는 것, 나의 凹凸이 심한 리비도는 이런 불장난에서 시작된다. (중략) 그리고 간단하게 성냥갑 속으로 들어가 버린 집 마당, 패랭이꽃들 여전히 아름답다. 하루 종일 내가 쓸 시간은 없다. 모든 사람은 망가지기 위해 존재하고, 모든 시간은 바람에 흩어져 뒹군다."
>
> —「포플러나무집」 부분

"사람은 성냥을 닮았다./ 성냥은 사람을 닮았다./ 포플러나무는 관棺을 그리워할 수밖에 없다."는 「포플러나무집」의 '프롤로그' 이다. 이는 시에 강렬한 인상을 주기위해 제목 바로 밑에 붙인다. 시의 한 요소나 장치가 아니다. 이 경우는 한 편의 극서정시로도 부족함이 없다 하겠다.

논어에 나무(木)는 인자(仁者)의 성품을 가리킨다. '융'은 나무를 리비도의 상징으로도 보았다. 시의 주인공 역시, "성냥으로 집을 만들고 사람을 만드는 것, 나의 凹凸이 심한 리비도는 이런 불장난에서 시작되"었다고 진술하고, "모든 사람은 망가지기 위해 존재하고, 모든 시간은 바람에 흩어져 뒹군다"는 비극적인, 묵시론적인 세계를 드러내고 있다. 이러한 세계관을 경구식으로 짧게 드러낸 게 "프롤로그"이다. 송유미의 경우 현실을 빌어 환상적 이미지로 대치 재구성하는 방법론을 취하고 있다. 해서 명확한 이미지 사용으로 사실성을 확보하고 있다.

> "몸이 층계인 사다리. 한 발 두 발 제 등을 밟고 지붕 위로 올라간다. 잔못들 튀어나온 지붕을 망치질하고 지상으로 내려온다. 몸을 눕힐 짬도 없이 저벅저벅 누군가의 오르지 못하는 층계가 되어 처마 밑을 서성인다. 지상의 집들이 사다리에 기대어 잠드는 시각. 몸이 사다리인 야곱의 사다리. 땀에 전 몸으로 지상으로 올라가다가 나뭇가지에 걸려 예수님처럼 내려오지 못한다."

—「야곱의 사다리」 전문

비디오 아티스트 백남준은 레이저 광선을 일정 각도로 쏘아 반사되며 빛이 한 층 한 층 올라가게 하는 환상적인 설치예술 「야곱의 사다리」를 선보인 적 있다. 최첨단 설치예술작품인「야곱의 사다리」를 감상하며 실제 성경 창세기 속의 천상으로 올라가는 느낌이었다.

남의 고통에 절실히 공감하고 인류를 하나로 묶는 화해이자 속죄 행위의 상징으로서의 사다리는 인간과 신을 매개 한다. 즉 야곱이 광야를 헤맨 이후, 예수 그리스도의 부활은 인류의 사다리(구원)의 역할을 해 왔다.

여기서의 "야곱의 사다리"는 위와는 별개이다. 그저 하루 벌어서 하루를 먹고 사는 날품팔이 노동자의 몸뚱이(사다리)일뿐이다. 그런 천직에서 벗어나려 하지만 발버둥 쳐도 벗어날 수는 없다.

이게 우리네 실존양상이 아니겠는가. 지상과 천상, 현실과 이상을 오가지 못하고 그 중간에 못 박힌 고통스런 존재(운명). 그런 줄 알면서도 어쩔 수 없이 꿈을 꾸며 살아가지만, 그도 모르는 사이 누군가의 "사다리"가 되어 살고 있는 것처럼.

"길 위에서 잠들지 못했다. 잠들면 길을 잃었다. 길은 잠이 없었다. 잠엔 꿈이 없었다. 잠들면 눈이 내려 마을을 지우고 발자국 없이 길 끝에서 구사일생, 목숨을 주어도 아깝지 않은 자유 찾아 그는 예까지 왔다.// 망망대해 같은 이곳으로 흘러 들어와서 그는 그 잔잔한 물결 위에서 쉬지도 못했다. 한시도 현을 놓아버리지 못했다. 낙인보다 아픈 수인 번호를 가져야 했다. 마른 목을 적시는 소주 한 방울의 달콤함에 취해 점점 그는 문둥이도 아닌데 눈썹이 사라져가고 있었다."

—「125…」 부분

누가 세계의 비극성에 눈 뜨는데서부터 참된 문학은 시작되었다고 했던가. 북한을 탈출해 남한에서 거주하고 있는 새터민들의 고난은 이루 말할 수가 없다고 한다. 이 시의 주인공은 "길 위에서 잠들지 못했다. 잠들면 길을 잃었다. 길은 잠이 없었다. 잠엔 꿈이 없었다"고 고해한다. 그는 목숨보다 더 귀한 자유를 찾아 남한으로 왔지만, 새 삶도 이전의 삶과 다를 바 없다. 남한땅에 정착하면서 받은 주민등록증(뒷자리 숫자가 125…로 시작된다)으로 인해 그는 제대로 된 취업을 할 수가 없는 것이다.

그렇다. 새 삶에 부여 받게 된 "125…" 라는 숫자가 "낙인보다 아픈 수인번호"가 되었다. 목숨을 담보하고 그 삼엄한 경비를 뚫고 월남한 단독자로서의 단절감. 뿌리를 내리고 싶지만 뿌리를 정착할 수 없는 불모성, 목구멍이 포도청이라서 극기하고자 하는 의태의 의지와 절박한 상황이 진실된 현실로 묘사된다. 또한 새터민에 대한 적극적 지원과 보호의 필요성을 환기시키고 있다.

환상적 기억과 아픈 역사와 현실이 마주치는 그로테스크 리얼리즘

"그건 아쟁소리였어. 바람이 옥수수밭을 파도처럼 흔들 때마다 아이들의 앙상한 팔과 다리가 탄피처럼 날아다녔어. 미친 엄니가 옥수수밭에 불을 질렀어. 무서운 불길에 하늘이 까맣게 탔어. 우르르 쾅쾅 번개 지뢰를 밟은 고양이 한 마리가 매일 밤 꿈속을 날아다녔어. 오래오래 빈 집들이 불탔어. 숨이 찬 기차가 산을 끌고 멀리멀리 달아났어. 숯검정을 얼굴에 칠한 아이들은 날마다 멀어져 가는 기차 꽁무니 매달려 서울로 서울로 떠났어."

— 「1948년 4월 13일생 — 검은 옥수수밭의 동화」 부분

이 시집의 표제인 '검은 옥수수밭의 동화'를 부제로 달고 있다. 1948년 4월 13일생의 이 주인공은 아쟁소리를 들으면 전쟁에의 처연한 기억들이 촉발된다. 마른 옥수수밭을 스치는 바람소리는 "뚝뚝 떨어지는 눈물"이 된다. "가볍게 몸을 부딪치며 날아가"는 옥수수 알갱이는 "소리의 눈물"이 된다. 소리가 눈물이 될 수 있다니. 독특한 상상력과 환상적인 이미지들이 기차처럼 줄줄이 시를 끌고 가며 한 편의 동화를 쓰고 있다 하겠다. 해서 송유미의 특장이 빛나는 시이다.

"총구멍 뚫린 하늘에서 한 달 내내 장맛비 쏟아졌지. 불어터진 강물 위로 돼지우리, 초가지붕 떠내려 오는, 물 구경하다가 돌아오는 길에는 멀리서 가까이서 쿵쿵 대포 소리 들렸지. (중략) 털레털레 동생들이랑 껌팔다 돌아오면 민들레 아기 업은 엄마는 재봉틀 앞에서 코피 흘린 채 잠들어 있고 백발 할머니는 신문지에 궐련 말아 피우며 말했지"

—「미군부대 옆 염색공장 지붕 위로 날아간 까마귀 — 1947년 12월 8일생」부분

전쟁은 필로써 표현하기 부족하다. 이 시는 물자가 부

족해서 괴뢰군 시체의 군복을 벗겨와서 검은 물을 들여 식량과 맞바꾸어 살아가는 절박한 6. 25 참변 중의 가족상황이 어린이의 시선에 의해 핍진하게 그려진다.

'1947년 12월 8일생' 이란 부제를 단 「미군부대 옆 염색공장 지붕 위로 날아간 까마귀」는, 껌팔이로 나선 아이가 주인공이다. 시 전체에 스며드는 억수로 퍼붓는 현재의 "장맛비"가 저 망각 너머 암연(黯然)을 퍼올리는 구실을 한다.

전해들은 바로는 송유미는 이산가족의 3세이다. 시인의 간접 체험에의 진실한 의태 묘사가 흡인력에 기여한다. 이번 시집은 특이하게 시의 제목에 생년월일로 적고 있는 시편이 많다. 이는 그때 태어난 사람들의 유년의 기억이나 현재 상황을 있는 그대로 드러내기 위해서다. 하여 주인공의 전쟁 중의 가족사, 생활사를 리얼하게 윤색해 낸다.

> "파리똥 묻은 꽃은 아름답네. 쥐똥을 꿈꾸는 아이도 있네. (중략) 동두천 막내 이모의 짧은 치마로는, 밤이면 굴뚝으로 내려오는 국방색 사내들과 한 지붕 아래 살이 닿지 않고는 잠들기 어렵네."
>
> ―「1958년 3월 8일생 ― 쥐똥나무」 부분

"인간이 조금만 덜 돌았더라면 전쟁으로부터 생기는 비극에서 벗어났을 거다."고 앙드레 지이드는 말한다. 전쟁 중에 가장 고생하는 이는 군인이 아니고 아이와 여자라는 말도 떠오른다.

짧게 가지 쳐진 쥐똥나무에서 짧은 치마를 입은 막내이모의 기억을 시의 주인공은 떠올리고 있다. 미군과의 잠자리에서 번 달러(dollar)가(산타가 준 선물처럼) 가족들의 호구책이 되었던, 그 전쟁의 검은 기억들이 쥐똥나무 이미지와 교직되어 있다.

"…쥐똥나무에는 영혼이 흐르네./ 열매의 눈을 깊이 들여다보면/ 그 처연한 눈빛을 만질 수 있네."는, 이 시의 마지막 연이다. 쥐똥나무는 양공주의 서사를 드러내기 위해 동원된 이미지가 아니라 그 둘의 이미지가 서로 대등하게 교호하며 처연한 실존양상을 더 사실적(존재일반)으로, 양태의 폭을 넓히고 있다. 대상에 대한 세심한 관찰이 사물의 정령을 불러낸 것이다.

"고소공포증을 모르는 유리를 K가 닦는다./ 죽음보다 깊고 깊은 유리의 희망을 닦을수록/ K의 이력서는 적을 말이 없는 편지처럼 깨끗해진다./ 처음부터…/ 학력, 경력, 운전면허증 따위는 필요 없는 직종./ K는 실어증에 걸릴까 봐 종종 유리 너머 K에게/ K야, 하고 고함친다. 그러나 빌딩의 유리 안/사람들은 K의 말을 듣지 못한다./ 그리고 되새 때가 점묘화를 그리는/ 그날 오후 세 시/ K는 추락한다."

— 「1971년 9월 18일생 — 유리의 증발」 부분

K는 고층 빌딩 유리닦이 노동자이다. 매일 유리를 닦고 있는 그에게 유리는 유리가 아닐 것이다. 곡예사처럼 공중에 매달려 유리창을 닦는 노동자. 그는 날마다 관짝을 등에 지고 노동을 한다.

매일 밤 자면서 추락하는 꿈을 꾼다. 그런 K에게 죽음은 삶의 일부이리라. 아니 삶이 죽음의 일부일 수밖에 없으리라.

"죽음보다 깊고 깊은 유리의 희망을 닦을수록/ K의 이력서는 적을 말이 없는 편지처럼 깨끗해진다./ 처음부터…/ 학력, 경력, 운전면허증 따위는 필요 없"는 것이다. 공중에서 줄을 타고 유리를 닦으면 닦을수록 K는 정체성을 상실한다. 그래서 "종종 유리" 속에 비치는 자신(허상)에게 "K야" 하고 죽지 않고 살아있는 자신을 매일 유리 속에서 존재 확인하며 힘든 삶을 지탱한다. 그러므로 "그날 오후 세시/ K는 추락" 한 것이 아니다. 계속 "추락" 중인 삶의 진행 속도이다. 그렇다. K의 세상은, 허공이 바닥인 관계로.

'…생生…' 시편들을 통해 송유미는 이렇게 시대와 상황이 변해도 여전히 소외적인 인물(인생) 등을 시의 현실 속에 환상적으로 이미지화한다. 그래서 아프고 슬프지만 아름답다.

오늘의 삶의 고해를 건네주는 도저한 휴머니즘

> "중앙역 13번 비상구는/ 모래로 만든 계단이다./ 실크로드의 꿈에 빌붙어 사는 사람들/ 한 뼘의 땅이라도 놀리지 않고 벼를 심듯이/ 층계에 걸터앉아 김밥을 팔고 잔술을 판다./ 중국산 가방 폭탄 세일을 한다.// (중략) //한사코 층계가 되기 위해/태어난 13번 출구,"
>
> —「중앙역 13번 계단 사람들」 부분

이용하는 인구가 많은 "중앙역"의 13번 계단 사람들의 생존을 다루고 있다. 북적이는 계단에서 김밥을 팔고 잔술을 팔고 가방을 팔고 앵벌이를 하고 새점을 치며 살아가는 이 시의 주인공들은 아등바등한 한 뼘의 땅도 놀리지 않는다. (그들은 익명의 조직에게 '자릿세'를 강요당하기도 한다.)

아무도 모르는 피 터지는 생존의 전쟁터. 중앙역 13번 계단의 풍경을 경작하는 계단식 논밭에 모사(模寫)하는 점이 이채롭다.

"보이는 눈에만 보이는 모래사막" 같은 13번 계단은 늘 상 중국 황사(모래바람)로 눈을 뜰 수 없다. 이 계단에 빌붙어 살게 된 이상 이 계단을 벗어나면 그 어디로도 갈 수 없다. IMF로 다니던 가방 공장이 망해서 "중국산 가방"을 팔아야 한다. 그러나 이 시는 사회고발 차원은 아니다.

"중앙역 13번 계단"은 서역으로 이어진 실크로드로 향하는 비상구를 상징한다. 밑바닥 인생에서 벗어나려는 안간힘. 그리하여 스스로 탈출구를 찾기 위해 살아 버텨야 하는 "모래계단"이다. 중국물류의 등장은 시적 암시다. 주제가 같은 의미에서 「야곱의 사다리」의 연작시로 보아도 무난하다.

"라마승이 되신 당신을 만나러 날마다 파고다에 가지요. (중략) 오늘 당신의 맑은 눈빛에 거꾸로 어리는 파고다 탑을 보다가 알았지요. 여기가 '다고파공원'이라는 것을요. 기념탑 아래서, 노숙자 결식을 해결해주는 무료급식 티켓을 받아 점심을 먹었지요. 고픈 배 채우고 벤치에서 졸고 있는 나에게 노신사, 그게 고파 다가왔지요. *이것 봐, 색시, 티켓 하나 끊을까?* 왜 티켓이란 말이, '티벳' 으로 들렸을까요?"

—「그 섬, 파고다」 부분

서울 속의 '섬' 은 몇 개나 될까. 고층빌딩에 둘러싸인 '파고다공원' 은 직장에서 은퇴했거나 집에서 쫓겨난 노인이나 노숙자들이 찾아드는 곳이다.

시의 주인공들은 최하층의 여생이지만 아직 사회에서 하고픈 것이 많은 사람들이다. 그런데 이들이 '고픈' 것은 가난에 의한 고픔이 아니다. 마음의 '고픔' 이다. 나이만 많았지 이들은 건장한 노인층이 대부분이다. 사회에서 직장에서 소외된 자들의 해방 공간, 파고다공원은 현 우리 사회의 복지제도의 모순 등을 상징한다. 그러나 시인은 이를 성자에게 띄우는 편지 형식으로 아름답게 승화시켰다.

실제 파고다공원에는 노인층을 상대로 속칭 '박카스 아줌마' 가 존재한다. 오늘의 섬, "파고다공원" 은 고령화된 시대가 낳은 고도(孤島)이다. 이러한 부조리를 해학적으로 잘 형상화하고 있다.

"(중략) 머리에 석남꽃 꽂은 사내가 따라가요.(중략) 허기진 가로등이 전화 부스에서 야식 배달시키네요. (중략) 시끄러운 오토바이, 잠만 잘 쪽방이 있다고 외치며 지나가요. (중략) 잠을 청하다 보면 꽃이 피는 화엄의 잠. 날개 달고 날아오르는 잠행의 잠. (중략) 죽은 지 사흘 밖에 안 되는 아비의 옷을 걸치고, 석남꽃을 머리에 꽂은 사내가 껌처럼 심심한 잠을 씹으며 매일 밤 나의 꿈속을 지나가요.// 달은 해골바가지처럼 뒹구는데."

—「석남꽃잠 대합실 — 꽃거지 아재」 부분

죽은 자가 저승에서 석남꽃을 꽂고 사랑하는 사람 집에 찾아왔다는 이야기가 『삼국유사』에도 전하듯 석남꽃은 이승저승을 구분 없이 오가게 하는 꽃이다. 그런 석남꽃 설화를 바탕에 깔고 오늘의 꽃거지들을 다루고 있다. 실제 존재하는 우리 사회의 "꽃거지 아재"를 시로 현실화시키고 있음이 신선하다.

잠에서 막 깨어난 허기진 노숙자 모습과 주위 풍경을 묘사하고 있는 이미지들이 경쾌하고 아름답다. 주위 사물들의 풍경이 그대로 노숙자의 마음과 교호하며 이미지들이 펄펄 살아나고 있는 시이다. "허기진 가로등이 전화 부스에서 야식을 배달시키네요"의 이미지를 보시라. 전봇대에 닥지닥지 붙은 야식 배달 전단들과 그 옆의 텅 빈 전화 부스, 그리고 허연 가로등 불빛의 사실적 풍경과 허기진 노숙자 심경의 절묘한 배합을. 사물을 주어로 내세워 역동적으로 살아나는 물활론적인 이미지들을. 이런 정치하고 살아있는 이미지들을 창출하며, 또 이승저승 구분없이 삼라만상 생령(生靈)들이 두루두루 통했던 신화적(동화적) 상상력으로 오늘의 꽃거지들의 "삶"은 "꿈"이고 그 "꿈"은 "삶"이라며 나름 존재이유를 주고 있다.

"연산동 지하철역 가려면 해원정사 지나야 한다. 결코 해원정사 가는 길이 아닌데, 감로탱화 그려진 담장 밑을 지난다. 4월의 꽃그늘에 앉아 구겨진 종이컵 놓고 구걸하다 보면, 내가 나를 몰라, 해원정사 심우도 속을 헤맨다.//(중략)//일 년 이 년 석삼년을 걸어도 연산동 지하도 지나야 나는 집으로 돌아간다. 사통팔달, 그 어디로도 통하는 연산동 환승역에서 많은 사람들은 입전수수入廛垂手, 나에서 너로 돌아간다. 맹한 벚꽃 피고 지고 피는 터널 속으로 빛보다 빠른 지하철을 두 어깨에 척 걸치고 고 흰 소는 달린다."

—「연산동 심우도」 부분

왕래가 많은 지하철 역 주변 절 담장에 그려진 심우도를 소재로 한 시이다. 불교에서 깨달음, 참진에 이르는 과정을 목동이 잃어버린 소를 찾는 열 단계에 비유해 10장의 그림으로 그려 쉽게 깨닫게 한 그림이 심우도, 혹은 십우도이다. 심우도의 마지막 단계인 '입전수수'는 잃어버린 소, 즉 마음의 본성을 되찾고 다시 속세로 나와 중생들과 한 몸으로 어우러지는 지경이다.

위 시는 나와 남, 중생과 부처가 그대로 하나가 되는 그 입전수수의 경지에 아주 자연스레 들어서고 있다. 절에 가거나 토굴에 들어가 면벽참선 결과 들어선 소승적(小乘的)경지가 아니라 자신의 속을 진솔하게 파헤치고 들여다보며, 한계적 삶에 부대끼며 얻어낸 대승적(大乘的) 지경이다.

꽃그늘에 앉아 구걸하는 걸인이 시인인지 걸인인지 모를 정도로 하나가 되어 있는 지경. 그런 본마음으로 돌아온 주인공 '소'는 오늘도 수레에 지하철 인생을 싣고 광속도로 달리고 있다.

위 시편들은, 밑바닥 삶을 다루고 있으나, 대긍정적인 시선이다. 이것이 슬픔을 아름답게 읽히게 하는 힘인 것도 같다.

삶이 시다, 시가 삶이다

i) "운주에서 손 없는 머슴 부처 만났다./ 초록은 동색이라고 참 반가웠지만,/ 두 손을 기브스하고 있어/ 악수를 청할 수 없었다. (중략) 사지 멀쩡한 부처 하나 없는 천 명의 부처들,/ 팍팍한 돌 속에서 다리 없는 부처는/ 팔이 없는 부처의 팔이 되어주고/ 눈이 없는 부처는/ 팔 없는 머슴 부처의 손이 되어/ 운주運舟 한 척 정박해 놓았다."

— 「돌 속에 처음부터 부처가 있었네」 부분

ii) "영도 남항 선체 수리장 닻줄에 묶인 갈매호. 누가 사글세라도 들어와서 사는지, 모릿줄에는 기저귀가 바람에 나부끼고 있다. 아무렇게나 던져진 붉은 다라이에 패랭이꽃 하늘거린다. 검은 파도 철썩거리는 배의 옆구리에 적힌 갈매호 이름 석 자, 정겨운 문패인 양 읽힌다. 길 잃은 철새들도 하룻밤 묵었다 가는지, 새똥 하얗게 쓴 브리지 창에서 깃털 불빛 새어 나온다. (중략) 몸에 익은 뱃길 하나 기억나는지 쿵쿵 망가진 이마를 방파제에 찧으며 녹슨 무적을 부—웅 울린다."

— 「물 위의 집」부분

이번 시집에는 '배'의 '상징'이 두드러진다. 세상이 억울하고 삶이 팍팍할 때면 한 번쯤 누구나 찾게 되는 화순 운주사(運舟寺). 그 운주는 구름 한 척이다.

ⅰ)의 시관은 깊다. 시의 주인공은 미완의 불상들을 만나고 있으나, 두고 온 세상의 소외된 인간의 군상들과 통정하는 자세이다.

이성계에게 일갈하는 무학대사의 말처럼 "부처의 눈으로" "돌 속에 이미 존재하는 부처"를 본 것이다.

열린 세상은 여여(如如)하다.

성한 오른 팔이 부족한 왼팔을 돕듯이 "다리 없는 부처는 팔이 없는 부처의 팔이 되어" 미륵 나라를 향해 저어가는 운주(雲舟) 한척을 그려 보인다.

ⅱ)와 ⅰ)과 주제도 소재도 다르나 시의 메시지는 같다. "검은 파도 철썩거리는 배의 옆구리에 적힌 갈매호 이름 석 자, 정겨운 문패인 양 읽힌다"에서, 유년시절 잃어버린 고무신 한 척이 오대양 속속들이 항해하고 돌아와 집 댓돌 위에 단정히 놓인 듯 이미지화하고 있다.

ⅰ)에서 돌불상을 산동네 판자촌에 빗대어 형상화했다.

ⅱ)는 전세, 월세의 대란에서 바다로 쫓겨난 폐선에 둥지 튼 오갈 데 없는 "철새"의 삶을 조명했다. ⅰ),ⅱ) 모두 안온하고 그윽하다.

"남해 노도에 갔지요./ 뾰족한 가시들 다투어 허공을 할퀴고 있었지요./ 구운 굴비 한 마리 올려놓고/ 삼단 머리채 풀고 우는/ 한 많은 파도소리도 있었지요./ 탱글탱글 가시 손톱 끝에 피 흘리는 봄도 보았지요./ 고통 밖에 없는 사랑이 사랑이냐고/ 오고 갈 곳도 없어 찾아온 나그네를/ 죽은 당신이 산 사람들보다 더 다정하게 반겨주었지요./ (중략) /자꾸 탱자꽃 향기가 내 몸에서 뿜어져 나왔지요."

—「탱자의 편지」 부분

시는 영혼의 음악이다. 보다 위대하고 다감한 영혼의 음악이다. 만 원짜리 세일 신발처럼 시들이 세일처럼 쏟아지는 이 시대. 시란 무엇이라고 감히 정의하기는 어렵겠다.

생략하고,

송유미의 이번 시집 중 너무 아름답기에 다시 읽게 되는 「탱자의 편지」를 언급하며 글을 마무리하려 한다. 나에게 굳이 누가 시가 뭐냐고 묻는다면 "시는 삶이다"고 말하고 싶다.(물론 이런 생각이 몇 시간 후 바뀔 수도 있겠지만)

단언하면 송유미 시의 이미지들은 아름답고 아프지만

살아 있다. 머리채 풀고 우는 파도소리 등 애니미즘적 상상력과 이미지들이 아프면서도 아름답다.

"탱자 향기가 내 몸에서 뿜어져 나왔어요"(조의홍 시인이 「탱자의 편지」두고 "고통을 배가 시키는 절창이다"고 말한 것이 생각난다.)

시도 사랑도 고통의 산물이다. 고통 없는 사랑과 시가 넘치는 세상이지만…그럼에도 사랑도 시도 고해를 비추는 햇살이기도 하다….

송유미 시의 주인공들이 독자들에게 많은 사랑을 받게 되길 빈다.

애 지 시 선

002 붉디 붉은 호랑이 장석주 시집
003 붉은 사하라 김수우 시집
004 자전거 도둑 신현정 시집
005 정비공장 장미꽃 엄재국 시집
006 기차를 놓치다 손세실리아 시집
007 바람의 목례 김수열 시집
008 그리운 연어 박이화 시집
009 뜨거운 발 함순례 시집
010 정오의 순례 이기철 시집
011 그 남자의 손 정낙추 시집
012 즐거운 세탁 박영희 시집
013 구룡포로 간다 권선희 시집
014 좋은 날에 우는 사람 조재도 시집
015 여수의 잠 김열 시집
016 축제 김해자 시집
017 뜻밖에 박제영 시집
018 꽃들이 딸꾹 신정민 시집
019 안개부족 박미라 시집
020 아배 생각 안상학 시집
021 검은 꽃밭 윤은경 시집
022 숲에 들다 박두규 시집
023 물가죽 북 문신 시집
024 마늘 촛불 복효근 시집
025 어처구니 사랑 조동례 시집
026 소주 한 잔 차승호 시집
027 기찬 날 표성배 시집
028 물집 정군칠 시집
029 간절한 문장 서영식 시집
030 고장 난 아침 박남희 시집
031 하루만 더 고증식 시집
032 몸꽃 이종암 시집